Parques de diversión

Perímetro y área

Dianne Irving

Créditos de publicación

Editora
Sara Johnson

Directora editorial
Dona Herweck Rice

Editora en jefe
Sharon Coan, M.S.Ed.

Directora creativa
Lee Aucoin

Editora comercial
Rachelle Cracchiolo, M.S.Ed.

Créditos de imagen

La autora y los editores desean agradecer y reconocer a quienes otorgaron su permiso para la reproducción de materiales protegidos por derechos de autor: portada Shutterstock; pág. 1 Shutterstock; pág. 4 Shutterstock; pág. 5 (arriba) Shutterstock; pág. 5 (abajo) The Photo Library/ Alamy; págs. 6-7 Library of Congress/Strobridge Lith. Co. c1898; pág. 8 Library of Congress/Bain Collection; pág. 9 Shutterstock; pág. 10 Corbis; pág. 11 Getty Images; pág. 12 The Photo Library/ Alamy; pág. 13 The Photo Library/Mary Evans Picture Library; pág. 14 Alamy; pág. 15 Corbis; pág. 16 Shutterstock; pág. 17 Shutterstock; pág. 18 Shutterstock; pág. 19 Shutterstock; pág. 20 Noah's Ark Family Park Inc.; pág. 21 Corbis; pág. 22 Schlitterbahn Waterparks; pág. 23 Shutterstock; pág. 24 The Photo Library; pág. 25 (arriba) AAP; pág. 25 (abajo) The Photo Library; pág. 26 iStockphotos; pág. 27 (arriba a la izquierda) AAP; pág. 27 (arriba a la derecha) Getty Images; pág. 27 (abajo) Getty Images

Diagramas por Colby Heppéll

Si bien se ha hecho todo lo posible para buscar la fuente y reconocer el material protegido por derechos de autor, los editores ofrecen disculpas por cualquier incumplimiento accidental en los casos en que el derecho de autor haya sido imposible de encontrar. Estarán complacidos de llegar a un acuerdo idóneo con el propietario legítimo en cada caso.

Teacher Created Materials

5301 Oceanus Drive
Huntington Beach, CA 92649-1030
http://www.tcmpub.com
ISBN 978-1-4938-2951-4
© 2016 Teacher Created Materials, Inc.

Contenido

Los parques de diversión son muy divertidos. Tienen atracciones, juegos y otros entretenimientos. Hay diferentes tipos de parques de diversión. Algunos son pequeños con solo unas pocas atracciones. Algunos son enormes y se organizan por temas. Cada parque se planifica cuidadosamente para caber en un **área** determinada.

La rueda de la fortuna es una atracción popular en todo el mundo. La primera rueda de la fortuna se construyó en Chicago en 1893.

Este parque de diversión tiene muchas atracciones increíbles.

Los **diseñadores** planifican edificios y jardines para hacer que los parques temáticos sean atractivos. Los parques temáticos se diseñan para brindar a los visitantes mucha diversión y también seguridad. Los parques temáticos deben planificarse cuidadosamente para que todas las **atracciones** quepan en el área. Cada una de estas atracciones también debe diseñarse cuidadosamente.

Diversión duradera

El parque de diversión más antiguo del mundo está en Dinamarca. Originalmente, las personas visitaban Bakken para beber el agua de su manantial natural hace más de 400 años. En la actualidad, este parque cuenta con atracciones, artistas y lugares para comer.

Historia de los parques de diversión

Los primeros parques de diversión comenzaron en Europa en el siglo XVI. Se llamaban jardines de placer. Esto se debe a que había muchas atracciones que hacían felices a las personas. Había música, juegos y atracciones. Había también jardines de flores, fuentes y espectáculos teatrales. En el siglo XVII, muchos de los jardines de placer cerraron.

A las personas les gustaba ir a Coney Island porque tenía atracciones divertidas y también podían nadar.

Los parques de diversión no volvieron a ser populares hasta el siglo XIX. Los parques comenzaron a hacer montañas rusas. La primera montaña rusa en Estados Unidos se construyó en Coney Island. Abrió sus puertas en 1884.

EXPLOREMOS LAS MATEMÁTICAS

Este parque de diversión tiene la forma de un rectángulo.

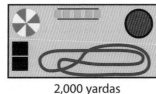

2,000 yardas

1,000 yardas   1,000 yardas

2,000 yardas

a. Usa las **dimensiones** que se muestran para encontrar el **perímetro** de este parque.

b. Explica otra forma en la que podrías haber encontrado el perímetro.

Muchas de las primeras montañas rusas estaban hechas de madera. Era peligroso ir boca abajo en una montaña rusa de madera. Por lo tanto, tenían muchas caídas rápidas y curvas cerradas. Más tarde, se usó el **acero** para la construcción de las montañas rusas. Estas montañas rusas eran más seguras. Podían ir boca abajo. Las montañas rusas hicieron que las personas volvieran a disfrutar de los parques de diversión.

Esta montaña rusa de madera es muy diferente a las montañas rusas de los parques de diversión de la actualidad.

Muchos parques de diversión están abiertos de noche. Las luces de las atracciones se ven increíbles.

En la actualidad, hay muchos parques de diversión en todo el mundo. Hay muchas cosas diferentes que pueden hacer las personas. Disfrutan de los juegos, la comida y las atracciones. ¡Hay diversión para personas de todas las edades!

EXPLOREMOS LAS MATEMÁTICAS

Este parque de diversión tiene una forma **irregular**. Averigua el perímetro del parque.

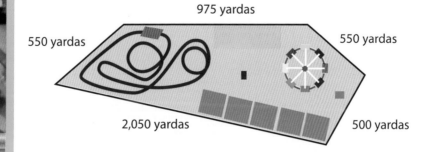

975 yardas

550 yardas

550 yardas

2,050 yardas

500 yardas

Montañas rusas

Las montañas rusas pueden ubicarse alrededor del perímetro de un parque. Incluso pueden ir por encima de otros juegos y atracciones. Los giros en las vías también ahorran espacio. Con una planificación cuidadosa de las vías de la montaña rusa, el espacio de un parque de diversión puede aprovecharse bien.

Esta montaña rusa en Hong Kong pasa por encima de un frondoso bosque tropical.

La montaña rusa Kingda Ka

La montaña rusa Kingda Ka en Nueva Jersey tiene 45 pisos de altura. ¡Es tan alta que tiene 3 juegos de luces de advertencia para los aviones! La vía está hecha de acero.

Las vías de acero pueden construirse a una gran altura y pueden estar invertidas. Las vías más antiguas de algunas montañas rusas están hechas de madera. No pueden estar invertidas ni dar giros.

EXPLOREMOS LAS MATEMÁTICAS

El perímetro de este parque de diversión es de 4,100 yardas.

avenida Wilson

calle Hill
(875 yardas)

calle James
(825 yardas)

calle Smithson (1,400 yardas)

Encuentra la longitud de avenida Wilson. *Pista*: Recuerda que el perímetro es la suma de las longitudes de todos los lados.

Esta montaña rusa en Blackpool, Inglaterra, tiene un recorrido largo diseñado para caber en un espacio corto. En el suelo, la longitud del espacio que ocupa la montaña rusa es de tan solo 52 pies (15.8 m). Pero si extendiéramos la vía entera, ¡mediría 5,463 pies (1.6 km) de largo!

La montaña rusa tiene muchas vueltas y caídas.

Récord en montaña rusa

En 2000, Richard Rodríguez montó en una montaña rusa durante 2,000 horas sin detenerse. Recorrió 12,000 millas (más de 19,000 km).

La construcción de esta montaña rusa tomó más de 3 años. Se quitaron todas las atracciones que se interponían en el camino de las nuevas vías. Se construyeron los **cimientos** y luego el resto de la montaña rusa se fabricó con aproximadamente 2,900 toneladas (2,630 t) de acero. Se usaron más de 60,000 pernos para armar la atracción.

El parque de diversión de Blackpool, Inglaterra, data de 1896.

EXPLOREMOS LAS MATEMÁTICAS

Para encontrar el área de un rectángulo, podemos multiplicar la longitud por el ancho. Si las medidas de longitud están en metros, la medida del área está en metros cuadrados (m^2). Si las medidas de longitud están en yardas, la medida del área está en yardas cuadradas.

Una montaña rusa ocupa un espacio que mide 50 metros de largo y 25 metros de ancho. ¿Cuál es el área del espacio que ocupa la montaña rusa?

Atracciones en la oscuridad

Una atracción en la oscuridad es un juego en el que los visitantes viajan en un pequeño **carro** en la oscuridad. La atracción se desarrolla dentro de un edificio. A menudo se diseña para asustar a los visitantes. Algunas atracciones en la oscuridad viajan muy rápido. Los visitantes sienten emociones fuertes con la velocidad y la oscuridad. Una atracción en la oscuridad popular en muchos parques de diversión es el tren fantasma.

Tren fantasma

Otras atracciones en la oscuridad viajan lentamente. Están diseñadas para que los visitantes escuchen una historia mientras el recorrido avanza. Las atracciones pueden tener efectos sonoros o música. Esto puede ayudar a realzar la historia.

A veces estas atracciones tienen más de un nivel. El carro o bote puede caer o elevarse de repente mientras se desarrolla el recorrido.

Atracciones para niños

Muchas atracciones para niños, como el carrusel, no necesitan un área grande. A menudo, las atracciones para niños pequeños se construyen una cerca de la otra para que sea más fácil ir a cada atracción.

Un carrusel

En California, la montaña rusa Goliath Jr. se construyó especialmente para los niños. Está basada en una montaña rusa para adultos que viaja a una altura de 255 pies (77.7 m). Pero la montaña rusa para niños solo puede viajar a una altura de 10 pies (3 m).

Las carreras de karts también son populares entre los niños.

EXPLOREMOS LAS MATEMÁTICAS

Un parque de diversión tiene una sección especial solo para niños pequeños. El espacio que ocupa es un cuadrado con lados que miden 125 metros de largo.

125 m

125 m   125 m

125 m

¿Cuál es el perímetro y el área del cuadrado?

A los niños pequeños también les gusta la atracción llamada remolino. Tiene carros que giran. Los carros están sobre una plataforma que se mueve. Mientras la plataforma se mueve, los carros giran en diferentes direcciones.

Este tipo de atracción giratoria se construyó por primera vez en la década de 1920. La plataforma está hecha de acero. Los carros están hechos de **fibra de vidrio**. Los escalones y los pasamanos están hechos de **aluminio**.

Algunas atracciones giratorias tienen más de 50 años de antigüedad. Todavía se usan en la actualidad.

Las personas se sientan en columpios en esta atracción giratoria.

La mayoría de las atracciones necesitan barreras a su alrededor para mantener la seguridad del público. Una atracción tiene una cerca de seguridad a su alrededor que forma un cuadrado. El perímetro del cuadrado es de 200 yardas.

a. ¿Cuál es la longitud de cada lado del cuadrado?

b. ¿Cuál es el área de la atracción?

Los parques acuáticos son parques de diversión que tienen atracciones como toboganes acuáticos y piscinas de olas. Uno de los parques acuáticos más grandes de Estados Unidos está en Wisconsin. Tiene 45 toboganes acuáticos, 2 ríos y 2 enormes piscinas de olas. ¡Dos de los toboganes acuáticos tienen 10 pisos de altura! Pero a las personas les toma menos de 5 segundos deslizarse por ellos.

Medidas del parque acuático
Área: 70 acres (28.3 ha)

EXPLOREMOS LAS MATEMÁTICAS

El parque acuático en Miyazaki, Japón, tiene la forma de un rectángulo. Un lado mide 300 metros de largo y el otro lado mide 100 metros de largo.

a. ¿Cuál es el perímetro del parque acuático?

b. ¿Cuál es el área del parque acuático?

Los parques acuáticos se pueden construir bajo techo o al aire libre. El parque acuático en Japón es el parque acuático bajo techo más grande del mundo. El domo tiene un techo que se abre y se cierra. Dentro del domo, hay una playa con arena y un océano **artificial** con olas.

Medidas del parque acuático
Altura: 124 pies (37.7 m)
Longitud: 984 pies (300 m)
Ancho: 328 pies (100 m)

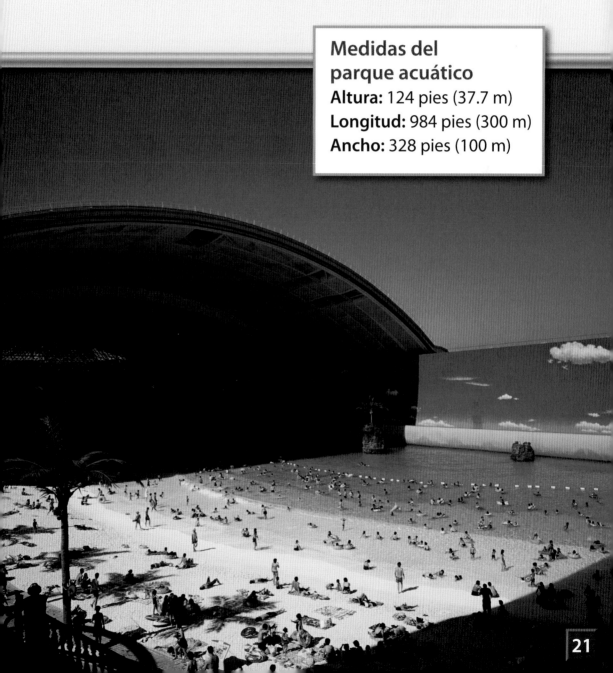

En un parque acuático en Texas, la atracción Master Blaster comienza en la parte superior de una torre. Los visitantes viajan en botes. Los botes caen 3 niveles y luego se vuelven a elevar. Con la ayuda de **chorros a presión** los botes circulan por un camino de agua que mide 1,000 pies (304.8 m) de largo.

Muchos parques acuáticos tienen "ríos lentos". La **corriente** de estos ríos es suave. Las personas pueden sentarse en tubos inflables y flotar por el río.

También hay "ríos con olas". Estos ríos usan olas hechas con una máquina para llevar a la gente por el río. A menudo, los ríos se diseñan para que corran alrededor del perímetro del parque y por eso son muy largos. Incluso se pueden diseñar para que corran alrededor de las atracciones.

Paseo largo
El Raging River en Texas es el paseo en río lento más largo del mundo. Mide 1 milla (1.6 km) de largo.

Cuando se planifica un parque de diversión, los diseñadores piensan en cómo las personas recorrerán el parque. En muchos de los parques temáticos grandes hay trenes para ayudar a las personas a recorrerlos. Pero todos los parques también necesitan buenos senderos para caminar.

Las personas caminan en un parque de diversión.

EXPLOREMOS LAS MATEMÁTICAS

Un parque de diversión tiene 4 atracciones diferentes. Cada atracción tiene una cerca de seguridad. ¿Cuál es la longitud total de cada una de las cercas alrededor de las atracciones?

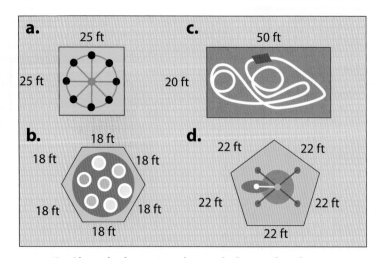

a.
25 ft
25 ft

c.
50 ft
20 ft

b.
18 ft
18 ft
18 ft
18 ft
18 ft
18 ft

d.
22 ft
22 ft
22 ft
22 ft
22 ft

e. ¿Cuál es la longitud total de todas las cercas alrededor de las atracciones?

Las personas hacen fila para una atracción popular

Las personas también deben tener espacio suficiente para hacer fila para las atracciones. A menudo, los visitantes pueden mirar las atracciones mientras esperan. ¡Esto los entusiasma aún más con las atracciones!

¿Compras en un parque de diversión?

En Minnesota hay un parque de diversión en medio de un centro comercial. El parque se asienta sobre 7 acres (2.8 ha). A pesar de estar bajo techo, el parque tiene 2 montañas rusas.

Todos los parques de diversión y las atracciones necesitan planificación y mediciones cuidadosas. Cada atracción debe tener la cantidad justa de espacio para mantener seguros a los visitantes. Con los planos y las medidas correctas, los diseñadores pueden tener tantas atracciones en el parque de diversión como sean posibles.

Demasiada diversión

Dorothea Spohler-Claussen mantiene el récord mundial de más visitas a parques de diversión. Realizó 1,108 visitas a 149 parques diferentes en 12 países. Realizó estas visitas entre 1976 y 2005.

Este gran parque de diversión tiene atracciones mecánicas y acuáticas.

Se diseñan y construyen atracciones nuevas todo el tiempo.
A veces, las atracciones se desarman y se reemplazan por otras
nuevas. A menudo los parques de diversión agregan más y más
atracciones. Simplemente se hacen más grandes con el tiempo.
Los parques de diversión están bien planificados para que puedas
planear divertirte.

Diversión en la feria

Chen y Natasha planean una feria escolar. Hay un plano abajo con todo lo que se puede encontrar en la feria. En su plano, cada pequeño cuadrado es de 5 yardas x 5 yardas.

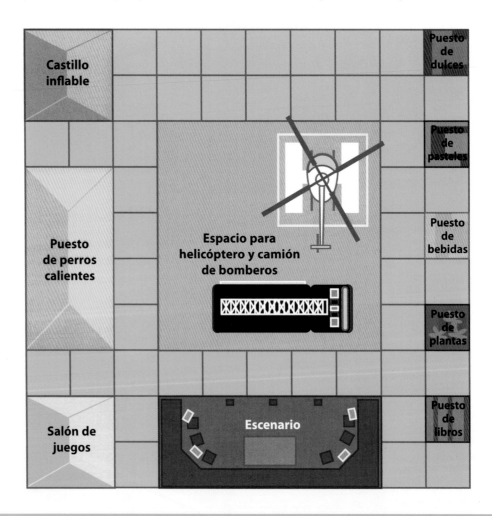

Castillo inflable

Puesto de dulces

Puesto de pasteles

Puesto de bebidas

Puesto de perros calientes

Espacio para helicóptero y camión de bomberos

Puesto de plantas

Salón de juegos

Escenario

Puesto de libros

¡Resuélvelo!

a. El espacio para el helicóptero y el camión de bomberos debe estar cercado por una cuerda. ¿Cuántas yardas de cuerda se necesitan?

b. Encuentra las dimensiones del escenario. Luego calcula el área del escenario.

c. Encuentra el área total de los 5 puestos pequeños.

d. Chen y Natasha pueden meter 4 conjuntos de mesas y sillas en 25 yardas cuadradas. Calcula cuántos conjuntos de mesas y sillas podrían meter en la mitad del área del puesto de perros calientes.

Usa los siguientes pasos como ayuda para calcular tus respuestas.

Paso 1: Encuentra el perímetro del espacio del helicóptero y el camión de bomberos.

Paso 2: Encuentra la longitud y el ancho del escenario. Luego calcula el área.

Paso 3: Calcula el área de cada uno de los puestos. Luego suma las áreas.

Paso 4: Calcula el área del puesto de perros calientes. Divide el área por la mitad. Luego calcula cuántos conjuntos de mesas y sillas pueden meter en esa área.

acero: un material muy fuerte

aluminio: un metal que es muy liviano y flexible

área: el espacio dentro de una figura o lugar particular

artificial: falso, no real

atracciones: cosas que las personas desean ver o visitar

carro: un vehículo usado para llevar personas

chorros a presión: torrentes de agua empujados a través de una abertura estrecha

cimientos: las bases de los edificios

corriente: el movimiento o flujo del agua

dimensiones: tamaño o medidas

diseñadores: personas que dibujan planos de objetos o edificios

fibra de vidrio: un material fuerte, pero liviano, que se fabrica en parte con de fibras de vidrio

irregular: inusual, figura no regular

perímetro: la distancia alrededor del borde de una figura o espacio

Exploremos las matemáticas

Página 7:

a. Perímetro: 2,000 yardas + 1,000 yardas
+ 2,000 yardas + 1,000 yardas
= 6,000 yardas

b. Las respuestas variarán.

Página 9:

a. Perímetro: 550 yardas + 975 yardas
+ 550 yardas + 500 yardas + 2,050 yardas
= 4,625 yardas

Página 11:

875 yardas + 1,400 yardas + 825 yardas
= 3,100 yardas
Perímetro = 4,100 yardas
4,100 yardas − 3,100 yardas = 1,000 yardas
Avenida Wilson = 1,000 yardas

Página 13:

50 m × 25 m = 1,250 metros
cuadrados (m^2)

Página 17:

Perímetro: 125 m + 125 m + 125 m
+ 125 m = 500 m
o 125 m × 4 = 500 m
Área: 125 m × 125 m
= 15,625 metros cuadrados (m^2)

Página 19:

a. Cada lado mide 50 yardas de largo
50 yardas + 50 yardas + 50 yardas
+ 50 yardas = 200 yardas

b. 50 yardas × 50 yardas
= 2,500 yardas cuadradas

Página 20:

a. Perímetro: 300 m + 100 m + 300 m
+ 100 m = 800 m

b. Área: 300 m × 100 m
= 30,000 metros cuadrados (m^2)

Página 24:

a. 25 ft × 4 = 100 ft o
25 ft + 25 ft + 25 ft + 25 ft
= 100 ft

b. 18 ft × 6 = 108 ft o
18 ft + 18 ft +18 ft + 18 ft
+ 18 ft + 18 ft = 108 ft

c. 50 ft + 20 ft + 50 ft + 20 ft
= 140 ft

d. 22 ft × 5 = 110 ft o
22 ft + 22 ft + 22 ft + 22 ft + 22 ft
= 110 ft

e. Longitud total de cercas necesarias:
100 ft + 140 ft + 108 ft
+ 110 ft = 458 ft

Actividad de resolución de problemas

a. Perímetro del espacio del helicóptero y el camión de bomberos:
25 yardas × 4 = 100 yardas

b. Dimensiones del escenario: 25 yardas de largo y 10 yardas de ancho
Área del escenario: 25 yardas × 10 yardas = 250 yardas^2

c. Área total: 25 yardas^2 + 25 yardas^2 + 25 yardas^2 + 25 yardas^2 + 25 yardas^2 = 125 yardas^2

d. Área = 20 yardas × 10 yardas = 200 yardas^2
$\frac{1}{2}$ de 200 yardas^2 = 100 yardas^2
100 yardas^2 ÷ 25 yardas^2 = 4
4 conjuntos de mesas y sillas × 4 = 16 conjuntos de mesas y sillas